Margot
Käßmann

Alles Gute

wünsch ich dir

ZU DEINER KONFIRMATION

bene!

FÜR

....

ICH BIN DABEI!

Dazugehören, das ist etwas Wunderbares! Du kannst dich als Teil einer weltweiten Gemeinschaft von Christinnen und Christen wissen. Einer Gemeinschaft von Menschen, die an Gott glaubten und Jesus folgten, dessen Leben ganz im Zeichen der Liebe steht. Einer Bewegung, die für Gerechtigkeit, die Bewahrung der Schöpfung und für Frieden eintritt.
Zu dieser Gemeinschaft Ja zu sagen – »Ich gehöre dazu« –, darum geht es bei der Konfirmation.

Das lateinische Wort *confirmatio* bedeutet zum einen Bestätigung oder Bekräftigung und zum anderen auch Ermutigung und Trost.
Manchmal ist es nicht leicht, den eigenen Weg zu gehen. Wie gut ist es dann, dein Leben in einem größeren Zusammenhang sehen zu können. Einen Glauben zu haben, der Mut macht und Trost schenkt.

ZEICHEN

Haben deine Eltern dich taufen lassen, als du ganz klein warst, noch ein Säugling? Dann kannst du dich sicher nicht daran erinnern. Aber es war ein erster wichtiger Schritt!

Kinder wachsen mit der Taufe in den Glauben der Eltern und Paten hinein. Dass Gott einen Menschen liebt, auch wenn er noch gar nichts leisten kann, wird dabei zeichenhaft sichtbar.

Jetzt hast du mit der Konfirmation bestätigt, dass der Glaube, in dem dich deine Eltern erzogen haben, auch dein Glaube ist. Das ist ein sehr wichtiger Schritt. Du selbst sagst bewusst Ja zu diesem Glauben.

Aber vielleicht hast du dich auch vor der Konfirmation selbst für die Taufe entschieden. Schön, wenn es so ist!

»HANDGEPÄCK DES GLAUBENS«

Was Martin Luther in seinem Kleinen Katechismus als die Grundlage der christlichen Glaubenslehre beschrieben hat, ist bis heute wichtig. Es ist so etwas wie eine Art »Handgepäck des Glaubens«, das du auf deinen Weg mitnehmen kannst:

Die Zehn Gebote
Das Vaterunser
Die Seligpreisungen
Taufe
Abendmahl

DIE ZEHN GEBOTE

Nach der biblischen Überlieferung hat Gott die Zehn Gebote dem Propheten Mose auf dem Berg Sinai übergeben. Sie regeln die Haltung des Menschen zu Gott und zu den Mitmenschen.

Das erste Gebot

Ich bin der Herr, dein Gott. Du sollst keine anderen Götter haben neben mir.
Daran festzuhalten, das kann uns befreien von anderen Göttern wie Geld oder Konsum oder Erfolg.

Das zweite Gebot

Du sollst den Namen des Herrn, deines Gottes, nicht missbrauchen.
Gerade heute ist wichtig, dass wir Religionen nicht gegeneinander ausspielen. Wer Wahrheit und Halt im eigenen Glauben findet, kann auch anderen Glauben respektieren.

Das dritte Gebot

Du sollst den Feiertag heiligen.
Geschrieben wurde dies vor mehr als 2600 Jahren. Schon damals wussten die Menschen offensichtlich um die Bedeutung von Auszeiten. Sie tun uns einfach gut.

Das vierte Gebot

Du sollst deinen Vater und deine Mutter ehren.
Es geht um Respekt voreinander, ganz gleich, ob wir alt oder jung sind.

Das fünfte Gebot
Du sollst nicht töten.
Friedfertigkeit ist der Kern einer christlichen Lebenshaltung.

Das sechste Gebot
Du sollst nicht ehebrechen.
Eine Beziehung lebt von wechselseitigem Respekt und Treue.

Das siebte Gebot
Du sollst nicht stehlen.
Zu achten, was anderen gehört, ist Voraussetzung für ein gelingendes Miteinander.

Das achte Gebot
Du sollst nicht falsch Zeugnis reden wider deinen Nächsten.
Das Gebot ist gerade in Zeiten von Fake News und Verleumdung im Internet aktuell.

Das neunte Gebot
Du sollst nicht begehren deines Nächsten Haus.
Der Neidfaktor ist oftmals groß. Es bringt Gelassenheit, zufrieden zu sein mit dem, was ich habe.

Das zehnte Gebot
Du sollst nicht begehren deines Nächsten Weib, Knecht, Magd, Vieh noch alles, was dein Nächster hat.
Auch hier geht es um Gemeinschaft. Wir können zusammenleben, selbst wenn wir sehr verschieden sind.

Bei der Zählung der Gebote gibt es im Judentum und in den christlichen Kirchen unterschiedliche Traditionen. Hier ist die Fassung abgedruckt, die in der lutherischen und römisch-katholischen Tradition verwendet wird. Die Zehn Gebote finden sich in 2. Mose 20,2–17.

DAS VATERUNSER

Das Vaterunser ist das bekannteste Gebet der Christenheit. In zwei Evangelien ist überliefert, wie Jesus seine Jünger damit gelehrt hat zu beten. In jedem Gottesdienst wird es gesprochen, und ich finde es bewegend, dass wir einstimmen können in diese Worte, die so vielen vor uns Halt gegeben haben und die Christinnen und Christen in aller Welt auch heute verbinden.

Vater unser im Himmel,
geheiligt werde dein Name.
Dein Reich komme.
Dein Wille geschehe
wie im Himmel, so auf Erden.
Unser tägliches Brot gib uns heute.
Und vergib uns unsere Schuld,
wie auch wir vergeben unsern Schuldigern.
Und führe uns nicht in Versuchung,
sondern erlöse uns von dem Bösen.
Denn dein ist das Reich
und die Kraft und die Herrlichkeit
in Ewigkeit.
Amen.

Matthäus 6,9–13

DIE SELIGPREISUNGEN JESU

Für mich sind das die schönsten Worte der Bibel. Sie geben uns eine Vision, wie wir ganz anders miteinander leben könnten.

Als er aber das Volk sah, ging er auf einen Berg.
Und er setzte sich, und seine Jünger traten zu ihm.

Und er tat seinen Mund auf, lehrte sie und sprach:

Selig sind, die da geistlich arm sind;
denn ihrer ist das Himmelreich.

Selig sind, die da Leid tragen;
denn sie sollen getröstet werden.

Selig sind die Sanftmütigen;
denn sie werden das Erdreich besitzen.

Selig sind, die da hungert und dürstet nach der Gerechtigkeit;
denn sie sollen satt werden.

Selig sind die Barmherzigen;
denn sie werden Barmherzigkeit erlangen.

Selig sind, die reinen Herzens sind;
denn sie werden Gott schauen.

Selig sind, die Frieden stiften;
denn sie werden Gottes Kinder heißen.

Selig sind, die um der Gerechtigkeit willen verfolgt werden;
denn ihrer ist das Himmelreich.

Selig seid ihr, wenn euch die Menschen
um meinetwillen schmähen und verfolgen
und allerlei Böses gegen euch reden und dabei lügen.

Seid fröhlich und jubelt;
es wird euch im Himmel reichlich belohnt werden.

Matthäus 5,1 12

SALZ UND LICHT

Ihr seid das Salz der Erde. Wenn nun das Salz nicht mehr salzt, womit soll man salzen? Es ist zu nichts mehr nütze, als dass man es wegschüttet und lässt es von den Leuten zertreten. Ihr seid das Licht der Welt. Es kann die Stadt, die auf einem Berge liegt, nicht verborgen sein. Man zündet auch nicht ein Licht an und setzt es unter einen Scheffel, sondern auf einen Leuchter; so leuchtet es allen, die im Hause sind.

So lasst euer Licht leuchten vor den Leuten, damit sie eure guten Werke sehen und euren Vater im Himmel preisen.

Matthäus 5,13–16

TAUFE

In den biblischen Evangelien wird beschrieben, dass Jesus selbst sich von Johannes im Jordan taufen ließ. Danach öffnete sich der Himmel, und der Geist Gottes kam zu ihm wie eine Taube. Ein schönes Bild.

Durch die Taufe werden auch wir Teil der weltweiten Gemeinschaft der Christen. Als ich einmal in Israel am Jordan war, konnten wir viele Menschen aus unterschiedlichsten Ländern sehen, die sich dort taufen ließen. Mich hat das berührt: Egal, woher wir kommen und wer wir sind – wir werden durch die Taufe Teil der Familie der Kinder Gottes.

ABENDMAHL

Die Bibel berichtet vom letzten Abendmahl Jesu. Zur Zeit des Pessachfestes kam er mit seinen Freundinnen und Freunden in einem Haus in Jerusalem zusammen, gemeinsam teilten sie Brot und Wein.

Wenn wir heute im Gottesdienst das Abendmahl feiern, dann erinnern wir uns daran. Essen und Trinken miteinander teilen, zusammen über Gott und die Welt reden – so können wir uns zugehörig fühlen zu einer großen Gemeinschaft.

Früher war die Konfirmation Voraussetzung für die Zulassung zum Abendmahl. Heute werden in vielen Gemeinden auch Kinder schon zum Abendmahl zugelassen. Und das ist ja auch gut so! Sie lernen früh, wie schön es ist, dass wir Brot und Wein in Erinnerung an Jesus und sein letztes Abendmahl miteinander teilen.

Ab jetzt kannst du ganz allein zum Abendmahl kommen, völlig unabhängig von anderen.

Das Abendmahl ist ein Fest des Lebens! Wenn wir Brot und Wein teilen »zu seinem Gedächtnis«, dann glauben wir, dass Jesus jetzt mitten unter uns ist.

Wir sind Teil einer jahrhundertealten Gemeinschaft, die überzeugt ist, dass der Tod nicht das letzte Wort hat. Nicht damals bei Jesus – und auch heute nicht bei uns. So fühle ich mich gehalten durch meinen Glauben, aber auch durch das Miteinander in der Kirche.

VERÄNDERUNG

Mit dem Erwachsenwerden, ja im ganzen Leben wird sich dein Glaube verändern. Wie wir Gott sehen und verstehen, dafür gibt es immer wieder neue Bilder. Wenn wir zweifeln – und Zweifel gehört zum Glauben dazu! –, schauen wir auch kritisch auf die biblischen Texte und die Tradition.

Das ist das Schöne an unserem Glauben: Wir dürfen zweifeln, wir können nachfragen. Selber denken ist erlaubt. Das stellt unseren Glauben nicht infrage, sondern lässt ihn tiefer werden.

Im Laufe meines Lebens hatte ich stets das Gefühl, vertrauter mit Gott zu werden. Das ist wie bei einer guten Freundschaft: Mit den Jahren wächst das Vertrauen.

ALLES ANDERE ALS SIEGERTYPEN

Mir ist wichtig, dass unser Glaube Leid und Tod, Trauer und Versagen nicht ausklammert. Jesus selbst hat gelitten, er hat Verrat und Tod erlebt. Deshalb kann ich zu ihm beten, wenn ich selbst in schweren Lebenssituationen bin.

Jesus hat mit Susanna und Petrus, Jakobus und Maria Magdalena Menschen um sich geschart, die alles andere als »Siegertypen« waren. Oft waren es Außenseiter, Menschen mit Schwächen, die auch Schuld auf sich geladen hatten. Aber ihnen hat er zugetraut, seine Botschaft weiterzutragen. Deshalb müssen auch wir als Christen nicht immer erfolgreich sein, sondern wissen uns im Glauben getragen – in guten und in schwierigen Zeiten.

DU DARFST SELBST ENTSCHEIDEN!

Volljährig bist du erst mit 18, dann kannst du selbst wählen
und gewählt werden – und auch sonst im Prinzip über dein
Leben selbst bestimmen.

Wenn du 14 Jahre alt bist, entscheidest du selbst uneinge-
schränkt über deine Religionszugehörigkeit. Das ist eine gute
Einübung, ein gewichtiger Schritt in die Selbstständigkeit.
In puncto Religion sind die Eltern nicht mehr »Bestimmer«.
Du beginnst nach und nach, selbst über dein Leben zu
entscheiden.

KEINE ANGST!

Die eigene Religion zu kennen macht frei, mit Menschen anderer Religionen ins Gespräch zu kommen. Wenn ich weiß, was ich glaube, muss ich keine Angst davor haben, dass andere anders glauben.

Ich habe meine Wahrheit über Gott gefunden, kann aber akzeptieren, dass andere Menschen eine andere Wahrheit über Gott oder auch verschiedene Wege zu Gott kennen.

TEIL EINES GROSSEN GANZEN

In einem Land, in dem Christen inzwischen eine Minderheit sind, geht es auch darum, Traditionen zu bewahren.
Es ist wichtig, die alten Texte der Bibel zu kennen. Nur so können wir die Architektur, die Literatur und die Kultur unseres Landes insgesamt verstehen. Denn über Jahrhunderte hat das Christentum maßgeblichen Einfluss auf die Entwicklung der Kultur, der Baukunst und der Literatur gehabt.

Um die Bedeutung der christlichen Feiertage zu wissen, warum wir Weihnachten, Ostern und Pfingsten feiern – solche Traditionen geben auch Halt.

VERANTWORTUNG ÜBERNEHMEN

Mit der Konfirmation darfst du selbst Taufpate sein. Das ist ein wunderbares Amt, wenn Eltern es dir anvertrauen. Du kannst ein Kind begleiten beim Hineinwachsen in seinen Glauben – bis es selbst konfirmiert wird. Und du hast sogar das Recht, in Notfällen jemanden zu taufen! So eine Nottaufe gibt es nur selten, etwa wenn ein Kind in Lebensgefahr ist und die Eltern das wünschen.

Dieses Recht ist ein Zeichen dafür, dass in unserer evangelischen Kirche nicht die Pfarrer allein bestimmen, sondern es ein »allgemeines Priestertum aller Getauften« gibt. So hat Martin Luther das einmal formuliert.

MEIN KONFIRMATIONSVERS

....

....

....

....

....

Ich wünsche dir, dass die Konfirmation ein schönes Fest war! Behalte sie in Erinnerung, durch Fotos und in deinem Herzen. Und nimm deinen Konfirmationsspruch mit auf deinen Lebensweg.

Ich will ehrlich sein: Meinen Konfirmationsspruch hatte ich lange Zeit völlig vergessen. Aber in einer bestimmten Situation habe ich ihn viele Jahre später noch einmal nachgelesen und hatte den Eindruck: Dieser Vers passt gut zu mir und meinem Leben.

GOTT SEGNE DICH

Gott segne dich und behüte dich;
Gott lasse sein Angesicht leuchten über dir
und sei dir gnädig;
Gott hebe sein Angesicht über dich
und gebe dir Frieden.

nach 4. Mose 6,24

Der Segen des Gottes von Abraham und Sarah,
der Segen des Sohnes, von Maria geboren,
der Segen des Heiligen Geistes,
der über uns wacht wie eine Mutter über ihre Kinder,
sei mit dir!

ORIENTIERUNG

Wer Halt hat, findet auch zu einer Haltung. Ich bin überzeugt, der christliche Glaube gibt uns Orientierung in wichtigen Fragen.

Nächstenliebe, das Eintreten für die Schwachen in der Gesellschaft, Gerechtigkeit, Frieden, Bewahrung der Schöpfung, das sind Themen, die uns als Christinnen und Christen wichtig sind, weil sie sich aus unserem Glauben ableiten. Wir engagieren uns in der Welt, denn wir sehen sie ja als Gottes Schöpfung, die uns anvertraut ist.

GROSSE GEMEINSCHAFT

Diese Familie der Kinder Gottes endet nicht in deiner Kirchengemeinde, sondern wir sind Teil einer weltweiten Gemeinschaft. Mit der Taufe werden wir Mitglied der Familie der Kinder Gottes in aller Welt. Das ist doch ein großartiges Gefühl! Ganz gleich, woher wir, unsere Eltern oder Großeltern stammen, wir gehören zusammen.

Du kannst in jedem Land dieser Erde einen Gottesdienst besuchen, und du bist selbstverständlich Teil der Gemeinde. Unser Glaube lässt uns zum Teil einer großen Gemeinschaft werden. Das heißt für deine Zukunft auch: Wo immer dich das Leben hinführen wird, du wirst eine Gemeinde finden, die dich willkommen heißt. Du bist nicht allein. Gott hält dich und die Gemeinschaft der Kirche auch.

MARGOT KÄßMANN,

Jahrgang 1958, ist eine der bekanntesten kirchlichen Persönlichkeiten Deutschlands. In und nach ihrer Zeit als Landesbischöfin und Ratsvorsitzende der Evangelischen Kirche in Deutschland gewann sie mit ihrer offenen und geradlinigen Art die Wertschätzung und Sympathien vieler Menschen. Die Pfarrerin und Mutter von vier Töchtern steht mitten im Leben und scheut sich nicht vor Veränderungen. Einen Ausgleich zu ihren Aufgaben findet sie beim Joggen und im Miteinander mit ihren Enkeln, mit denen sie ihren Ruhestand genießt.

www.margotkaessmann.de

Originalausgabe Januar 2020
© 2020 bene! Verlag
Ein Imprint der Verlagsgruppe
Droemer Knaur GmbH & Co. KG, München.

Alle Bibeltexte sind der Bibel nach Martin Luther, revidierte Fassung 2017, entnommen.
© Deutsche Bibelgesellschaft, Stuttgart

Text: Margot Käßmann
Umschlaggestaltung: Maike Michel
Innengestaltung: wunderlichundweigand
Bildnachweis: 4 © Stefan Weigand, 6 © takoburito/iStock.com, 10 © republica/iStock.com,
12/13 © Mike Mareen/shutterstock.com, 16 © LeoPatrizi/iStock.com, 18 © Willyam Bradberry/
shutterstock.com, 21 © RyanJLane/iStock.com, 22 © Stefan Weigand, 24/25 © zorandmzr/
iStock.com, 26 © khak/shutterstock.com, 28 © EvgeniiAnd/iStock.com, 30 © PeopleImages/
iStock.com, 32 © Olga Danylenko/shutterstock.com, 36 © imagedepotpro/iStock.com,
38 © vadimrysev/iStock.com, 40 © franckreporter/iStock.com
Lektorat: Stefan Wiesner
Druck und Bindung: GC Cuno, Calbe
ISBN 978-3-96340-122-0

5   4   3   2   1